A Monsieur David de St Georges
hommage de l'auteur
Ch. Sellier

LA TOURELLE

DE LA

RUE VIEILLE-DU-TEMPLE

(L'HOTEL HÉROUET)

PAR

CHARLES SELLIER

PARIS
1887

LA TOURELLE

DE LA

RUE VIEILLE-DU-TEMPLE

(L'HOTEL HÉROUET)

PAR

CHARLES SELLIER

PARIS

1887

(Extrait du *Bulletin de la Société de l'Histoire de Paris et de l'Ile-de-France*, septembre-octobre 1887.)

LA TOURELLE DE LA RUE VIEILLE-DU-TEMPLE.

(L'HOTEL HÉROUET.)

Jusqu'à présent, on n'a cessé de prétendre que la jolie tourelle située à l'angle des rues Vieille-du-Temple et des Francs-Bourgeois était ce qui restait de l'ancien hôtel Barbette : c'est cependant une erreur que dénonce suffisamment le style de son architecture, et que le document publié ci-après condamne d'une façon définitive[1].

En effet, si l'on se rappelle que l'ancien manoir d'Étienne Barbette, restauré par les soins de Jean de Montaigu pour la reine Isabeau de Bavière, avait par la suite passé aux mains de Diane de Poitiers, et qu'après la mort de celle-ci, ses filles, les duchesses d'Aumale et de Bouillon, le vendaient à des particuliers, en 1561, pour être aussitôt après démoli, il devient impossible de le confondre désormais avec l'hôtel adjugé au Châtelet, le 30 avril de la même année, à damoiselle Loyse Hérouët, qui en avait fait ordonner la saisie à cause du non-paiement de rentes et sommes lui revenant de la succession de sa parente Marie Malingre, en son vivant épouse de Jean de la Balue et propriétaire de l'immeuble.

Mais, dira-t-on, de ce que le logis de la tourelle ne faisait pas partie des bâtiments de l'hôtel Barbette, il ne s'ensuit pas qu'il n'ait pas été bâti sur quelque dépendance aliénée du manoir royal. Cela est fort possible ; on ne peut nullement s'y opposer. Quoi qu'il en soit, nous devons nos plus vifs remerciements à M. Missonier, le propriétaire actuel, pour nous avoir permis de prendre copie de la grosse du décret de l'adjudication du 30 avril 1561, qui est le premier et le plus ancien de ses titres de propriété.

Entre autres personnages mentionnés dans ce document, on trouve, cités en qualité d'experts, trois artistes du xvie siècle, jusqu'à présent très peu connus ; ce sont les architectes Étienne Grand-Rémy et Guillaume Marchant et le sculpteur Étienne Carmoy. Leur visite d'expertise semblerait déjà prêter à la maison une certaine importance.

Il est donc utile, à tous égards, de publier ce document, dont le texte a été entièrement revu et collationné par les soins très obligeants de M. Anatole de Montaiglon.

---

1. Voyez la *Tourelle de la rue Vieille-du-Temple*, par Charles Sellier (Paris, 1886, in-8°, p. 11-12).

Décret d'une maison pour damoiselle Loïse Hérouet, inthimée, contre Me Nicolas Jullien, au nom qu'il procedde, appellant.

A tous ceulx qui ces présentes lectres verront, Anthoine Duprat[1], chevalier, seigneur de Nantoillet, Précy et de Rozay, baron de Thiert et de Thoury, conseiller du Roy nostre sire, gentilhomme ordinaire de sa chambre et garde de la prévosté de Paris, salut.

Comme pour faire exécution et avoir payement des sommes de sept cens cinquante livres tournois, faisant moictyé de la somme de quinze cens livres tournois, huict cens soixante et quinze livres tournois, aussi faisant moictyé de la somme de dix-sept cens cinquante livres tournois d'une part, et six vingts cinq livres tournois de rente faisant moictyé de deux cens cinquante livres tournois de rente et arreraiges escheuz à cause d'icelle d'aultre part, deues par Nicolas de Caen, curateur subrogé au lieu de sieur Me Martin Ragoret, curateur créé par justice aux biens vaccans de feue noble dame Marye Malingre, en son vivant femme de messire Jehan de la Ballue[2], chevalier et naguières seigneur de Goix, à damoiselle Loyse Hérouet, vefve de

1. Anthoine Duprat, prévôt de Paris de 1553 à 1594, fils d'Anthoine Duprat, qui fut aussi prévôt de Paris (1547), était le petit-fils du cardinal Duprat, seigneur de Nantouillet, chancelier du roi François Ier. Ce n'est pas étant prêtre que le cardinal fit souche. On sait qu'il n'embrassa la carrière ecclésiastique qu'après la mort de sa femme, alors qu'il était déjà premier président du Parlement de Paris.

2. Jean de la Balue, le jeune, seigneur de Gouaix, fut émancipé par son père à l'âge de quatorze ans, le 16 mai 1481. Il succéda à son frère puîné ès terres d'Ermet, de la Motte-Bonnot et de Cervolles, et à son aîné en celle de Villepreux. Il fut maître d'hôtel du roi et de la reine de Navarre et écuyer tranchant du dauphin. Le roi lui donna 400 livres de pension pendant dix ans, en considération des bons services qu'il lui avait rendus en Italie. Il en jouissait en 1520. Il avait épousé Marie Malingre, fille de Jean Malingre, conseiller au Parlement. Il eut, de ce mariage, trois enfants, savoir : Louis, Claude et Antoinette (voir le P. Anselme).

Jean de la Balue était, par son père Nicole, neveu du fameux cardinal de la Balue, que Louis XI tint enfermé, pendant onze ans, dans une cage de fer pour le punir de ses trahisons d'État. — Les La Balue étaient de noblesse récente. Le cardinal, lui-même, était fils d'un meunier ou d'un tailleur; il ne dut qu'au temps de sa faveur d'être anobli ainsi que ses proches, dont il fit la fortune.

feu noble homme maistre Jehan Rivière, en son vivant notaire et secrétaire du Roy, tant en son nom que comme tutrice et curatrice et ayant la garde noble des enffans myneurs d'ans dudict deffunct et d'elle, contenues en certaines lectres de sentence données de nous le sixiesme jour d'aoust l'an mil cinq cens cinquante quatre, et en quoy par nos dictes lectres de sentence le dict de Caen, ou dict nom, auroict et a esté condampné à et envers la dicte damoiselle Loyse Hérouet, ès dicts noms, aux causes contenues en icelles desquelles il nous seroit et est deuement apparu.

Et à l'instance et requeste de la dicte damoiselle Loyse Herouet, vefve susdicte, ès dicts noms, et par vertu de nos dictes lectres de sentence, Claude Delaroche, sergent à verge du Roy nostre sire ou Chastellet de Paris, eust, le dixiesme jour d'octobre mil cinq cens soixante, faict commandement, de par le Roy nostre dit seigneur, au dict Nicolas de Caen, curateur susdict, en parlant à sa personne rue Aubry-le-Boucher, de payer à la dicte Loyse Hérouet, ès dicts noms, les dictes sommes de sept cens cinquante livres tournois, faisant moictyé de la dicte somme de quinze cens livres tournois, et huict cens soixante et quinze livres tournois, aussi faisant moictyé de la dicte somme de dix-sept cens cinquante livres tournois, et oultre de payer à la dicte Hérouet, ès dicts noms, moictyé des arréraiges escheuz depuys l'an cinq cens vingt-quatre jusques à présent, à cause de deux cens cinquante livres tournois de rente et à payer et continuer doresnavant par chacun an à la dicte damoiselle, ès dicts noms, les dictes six-vingt cinq livres tournois de rente, faisans moictyé de deux cens cinquante livres tournois de rente, de telle nature et prérogatifve qu'estoient les dictes deux cens cinquante livres tournois de rente ceddée par Jehan de la Ballue et Marie Malingre, sa femme, sur le seigneur de Mally, le tout pour les causes contenues en nos dictes lectres de sentence, et, en payant par le dict curateur, ou dict nom, les dictes rentes et arréraiges.

Offroit la dicte damoiselle, ou dict nom, faire cession et transport au dict curateur, pour pareille rente et arréraiges susdicts, contre les héritiers du dict deffunct Anthoine de Mally[1], ou biens tenans, sans

1. Anthoine de Mally, ou plutôt de Mailly, en mouillant les deux *ll*, suivant la prononciation d'alors. — Mais quel Antoine de Mailly? En 1554, on compte quatre seigneurs, de même nom et de même prénom, passés de vie à trépas, depuis le commencement du siècle; ce sont : Antoine de Mailly, seigneur d'Haucourt, tué au combat de la Bicoque en 1552; Antoine de Mailly, seigneur d'Anchy, tué au siège d'Hesdin en 1537; Antoine de Mailly, seigneur d'Auvillers, mort en 1511; Antoine de Mailly, seigneur d'Huyn, mort en 1540. Les lettres de sentence du 6 août 1554, invoquées au bénéfice de Loyse Hérouët, pourraient nous éclairer sur ce point. Mais où trouvera-t-on ces lettres de sentence?

aulcune garendye ne restitution de deniers, lequel de Caen auroict desclairé au dict sergent qu'il avoit esté depuys peu de temps subrogé curateur au lieu de feu Me Martin Ragoret, et que quant à luy n'avoit pour le présent aulcuns biens meubles ne revenus appartenant à la dicte curation. Bien avoit entendu que une maison, assis en ceste ville de Paris en la vieille rue du Temple, tenant d'une part à la dicte damoiselle Herouet, d'aultre part faisant le coing de la rue des Francs-Bourgeois, aultrement rue Barbette [1], abboutissant par derrière en la dicte rue des Francs-Bourgeois et par devant en la vieille rue du Temple, laquelle maison auroict appartenu à la dicte Malingre et lui appartenoit en l'an mil cinq cens vingt-quatre, et partant estoit obligée au deu de la dicte damoiselle sur laquelle maison la dicte damoiselle se pouvoit pourveoir et, quant le dict de Caen sçauroit aultres biens, les indicqueroit voluntiers pour estre par la dicte damoiselle satisfaicte sur iceulx comme de raison, laquelle responce le dict sergent eust prinse pour reffus, au moyen duquel le dict sergent eust au dict de Caen, curateur susdict desclairé, qu'il saisissoit, arrestoit et mectoit en la main du Roy, nostre dict seigneur, la dicte maison, et que, pour en faire plus ample saisye réelle et actuelle, il, ou aultre sergent royal se transporteroit sur les lieux, auquel curateur le dict sergent eust laissée coppie de son exploict ès présences de Marin Yvon et Jehan Camy.

Et le seizeiesme jour du dict moys d'octobre après ensuivant au dict an mil cinq cens soixante, le dict sergent se feust, par vertu de la dicte requeste que dessus et en continuant transporté, en ceste ville de Paris, en et au dedans de la dicte maison, cy devant desclairée, icelle maison assise en ceste ville de Paris en la vieille rue du Temple [2], tenant d'une part à la dicte damoiselle Hérouët, d'aultre

1. Nous trouverons plus loin cette rue, appelée aussi rue des *Poulies*. Cela vérifie parfaitement le dire de Sauval, qui rapporte que la rue des Francs-Bourgeois a successivement porté les noms de *Barbette*, de *Vieille-Barbette*, des *Poulies*, des *Viez-Poulies*, de *Ferri-des-Poulies*, en 1258, et de *Richard-des-Poulies*. D'après cet auteur, les *poulies* étaient un jeu usité alors et qu'on ne connaît plus aujourd'hui, lequel produisait 20 sols parisis de rente, que Jean Gennis et sa femme donnèrent aux Templiers en 1271. Il est certain que, jusqu'au XVIe siècle, cette rue a continué à s'appeler *des Poulies* (voir Corrozet et le plan de Saint-Victor); mais, jusqu'à présent, nous n'avions point trouvé, autre part que dans Sauval, qu'elle avait été connue aussi sous le nom de *Barbette*. Quant à la dénomination actuelle de la rue *des Francs-Bourgeois*, on sait qu'elle vient d'un hôpital fondé, vers le milieu du XIVe siècle, par Jean Roussel et Alix, sa femme, pour y recueillir des malheureux qui donnaient chacun 13 deniers en entrant et 1 denier par semaine. Ces peu fortunés bourgeois étaient *francs*, c'est-à-dire exempts de toutes taxes et impositions.

2. Vers l'an 1300, le poète Guillot nomme cette rue tout simplement *du*

part faisant le coing de la rue des Francs-Bourgeois, aultrement rue Barbette, abboutissant par derrière à la dicte rue des Francs-Bourgeois et par devant en la dicte vieille rue du Temple, en laquelle estoit de présent demourant ung nommé de La Planche, laquelle maison cy-dessus desclairée le dict sergent eust actuellement prinse, saisye et mise en la main du Roy, nostre dict seigneur, et en cryées et subhastations par les quatre quatorzaines anciennes pour, si mestier estoit, et, en deffault de payement desdictes sommes cy-dessus spéciffiées, la dicte maison estre cryée, subhastée, vendue et adjugée par décret au parc civil du dict Chastellet de Paris, au plus offrant et dernier enchérisseur, en la manière accoustumée.

Au régime et gouvernement de laquelle maison cy-dessus desclairée, le dict sergent eust commis et estably commissaire de par le Roy, nostre dict seigneur, honnorable homme Dyrot Jouanne, tapissier, bourgeois de Paris, demourant en la dicte rue du Temple, joignant la dicte maison, parlant à sa personne, qui en auroict prins et accepté le fex et charge, et promis rendre bon compte et rellicqua quant et à qui il appartiendroit, et que par justice requis en seroit.

Laquelle saisye, mainmise et establissement de commissaire dessus dict, le dict sergent eust à l'instant signiffié et suffisamment faict asçavoir de par le Roy, nostre dict seigneur, au dict de Caen, ou dict nom, parlant à sa dicte personne, estant soubs le Chastellet, de ce qu'il n'en peust cy après prétendre causes d'ignorance et luy eust faictes deffences, de par le Roy, nostre dict seigneur, de ne troubler ne empescher le dict commissaire au faict et charge de sa dicte commission, et si l'eust le dict sergent aussi adjourné, parlant comme dessus, à certain jour par devant nous affin de veoir cryer et subhaster la dicte maison et procedder en oultre comme de raison.

Et, en signe de laquelle saisye, mainmise et cryées, et suivant l'or-

---

Temple. C'est ainsi qu'elle se serait appelée dès l'origine, parce qu'elle conduisait à la première demeure que les Templiers occupèrent aux environs de Saint-Gervais lors de leur établissement à Paris, c'est-à-dire au commencement du XIIe siècle. Mais, lorsque ces moines-chevaliers eurent installé leur commanderie dans le formidable manoir qu'ils s'étaient fait construire au delà de l'enceinte de la ville, leur ancien domicile fut appelé le *Vieil-Temple*, et l'ancienne rue *du Temple* devint la rue *du Vieil-Temple*, puis, par transformation, *Vieille-rue-du-Temple* et rue *Vieille-du-Temple*. — Il faut cependant rappeler que cette rue a été également connue à diverses époques sous les noms de la *Couture*, *Culture* et *Clôture-du-Temple*, parce qu'elle conduisait à la *culture*, c'est-à-dire aux *jardins*, et à la *clôture du Temple;* sous celui de l'*Égout-du-Temple*, à cause de l'égout qui y passait ; enfin sous ceux de *Porte-Barbette*, *Poterne-Barbette*, *Barbette*, *Vieille-Barbette*, parce qu'elle aboutissait à l'hôtel *Barbette* et à la *Porte-Barbette*, qui y étaient situés.

donnance le dict sergent eust à l'instant mys et apposé, tant à la porte de la dicte maison que à la porte de l'église monseigneur Sainct-Gervais, à Paris, affiches et panonceaulx royaulx aux armoyries de France, au dessoubz desquelz estoit escripte la saisye de la dicte maison cy dessus desclairée par tenans et abboutissans, et que icelle maison estoit en cryées et subhastations à la requeste et pour les causes cy-dessus mentionnées ad ce que personne n'en peust cy-après prétendre cause d'ignorance, et auquel de Caen ou dict nom, le dict sergent eust laissée coppie de son exploict ès présence de messire Pierre Courtin, presbtre, et Estienne Garcye.

Auquel jour, suivant l'adjournement cy-dessus faict au dict de Caen ou dict nom, qui fut et eschéoit le samedy dix-neufiesme jour du dict moys d'octobre après ensuivant, au dict an mil cinq cens soixante, par acte et jugement donné de nous le dict jour entre maistre Jacques le Secq, l'aisné, procureur de la dicte damoiselle Loyse Herouet, vefve du dict deffunct Me Jehan Rivière, en son vivant notaire et secrétaire du Roy nostre sire, au nom et comme tuteur et curateur des enffans, mineurs d'ans, du dict deffunct et d'elle demanderesse, d'une part, et maistre Jehan de Bryon, procureur du dict Nicolas de Caen, curateur subrogé au lieu du dict deffunct Me Martin Ragoret, curateur aux biens vaccans de la dicte deffuncte dame Marie Malingre, deffenderesse, d'aultre part, nous eussions ordonné que la dicte maison cy-dessus desclairée, saisye à la requeste de la dicte demanderesse sur le dict deffendeur, ou dict nom, seroit cryée par les quatre quatorzaines anciennes en la manière accoustumée.

Suivant lequel nostre jugement et par vertu d'icelluy, et à la requeste de la dicte damoiselle Loyse Hérouët ès dicts noms, Jehan Desmaretz, sergent à verge au Chastellet de Paris, eust le lendemain, vingtiesme jour du dict mois d'octobre après ensuivant ou dict an mil cinq cens soixante, en continuant signiffié et suffisamment faict assavoir, de par le Roy nostre dict seigneur, au dict de Caen ou dict nom, en parlant à sa personne en son domicille, que la première cryée, proclamation et quatorzaine de la dicte maison cy dessus desclairée se feroit et commenceroit au devant de la princippale porte et entrée de l'église monseigneur Sainct-Gervais à Paris, à yssue de grande messe parrochiale du dict lieu, le dimanche vingt-septiesme jour du dict moys d'octobre après ensuivant au dict an mil cinq cens soixante, en laquelle paroisse la dicte maison estoit et est scituée et assise, et que les aultres cryées se continueroient de quatorzaine en quatorzaine, jusques à perfection d'icelles en la manière accoustumée, ad ce que le dict de Caen ou dict nom n'en peust cy après prétendre cause d'ignorance, auquel le dict sergent eust laissée coppie de son exploict de signiffication ès présences de maistre Pierre Courtin et Jehan Gillet.

Et pour procedder au faict des dites cryées le dict Jehan Desmaretz, sergent à verge dessus nommé, se feust par vertu et à la requeste que dessus et en continuant, le dict jour de dimanche vingt septiesme jour du dict moys d'octobre au dict an mil cinq cens soixante, transporté au devant de la princippalle porte et entrée de la dicte église monseigneur Sainct-Gervais à Paris où illecques, à yssue de grande messe parrochiale du dict lieu, et après avoir par luy faicte lecture de la saisye de la dicte maison cy-dessus desclairée par tenans et abboutissans, il eust d'icelle faicte la première cryée, proclamation, et quatorzaine ès présence de Christofle de Mailly, Anthoine Chandelier, Durand Benoist et Jehan Martin.

La seconde cryée et quatorzaine de la dicte maison cy dessus desclairée eust aussi faicte par le dict sergent au devant de la principalle porte et entrée de la dicte église monseigneur Sainct-Gervais, à Paris, à yssue de grande messe parrochiale du dict lieu, le dimanche dixiesme jour de novembre après ensuivant, au dict an mil cinq cens soixante, ès présences de Jehan Poilleau, Jehan Hablot, Pierre Bruslé et Jehan Moreau.

La tierce cryée et quatorzaine de la dicte maison cy-dessus desclairée eust aussi esté faicte par le dict sergent au devant de la principalle porte et entrée de la dicte église monseigneur Sainct-Gervais à Paris, à yssue de grande messe parrochiale du dict lieu, le dimanche vingt-quatreiesme jour du dict moys de novembre après ensuivant ou dict an mil cinq cens soixante, ès présences de Jehan de Gaillon, Jehan Gillet, Nicolas Choubruslé, Anthoine Ardounier et Pierre Debusca.

Et la quarte cryée et dernière proclamation et quatorzaine de la dicte maison cy-dessus déclairée eust aussi esté faict par le dict sergent au devant de la princippalle porte de la dicte église monseigneur Sainct-Gervais, à Paris, à yssue de grande messe parrochiale du dict lieu, le dimanche huictiesme jour de décembre après ensuivant, au dict an mil cinq cens soixante, ès présences de Jehan Trouard, Pierre Cartin, Jehan Vollant, Guillaume Duluc et Jehan Laurens.

En faisant lesquelles cryées et chacune d'icelles le dict sergent eust cryé et publié à haulte voix, et suffisamment faict assavoir, de par le Roy nostre dict seigneur, et nous, à tous en général que la dicte maison cy-dessus déclairée estoit en vente, cryées et subhastations, à la requeste et pour le deub de la dicte damoiselle Loyse Hérouët ès dicts noms, selon et pour les causes cy-dessus récittées, et, pour ce, s'il y avoit aulcun qui la dicte maison voulsist avoir, encherir ou sur icelle aulcun droict prétendre, réclamer ou demander, viensist avant et apparust, et il y seroit oy et reçeu aux us et coustumes de France, si comme ces choses nous estoient et sont deuement apparues par les rapportz des dictes saisye, mainmise, cryées, proclamation et exploictz sur ce faictz.

Lesquelles saisie, mainmise, cryées et proclamations ainsi faictes que dict est, eussent, le lundy vingtroisiesme jour de décembre après ensuivant ou dict an mil cinq cens soixante, ès dictes rapportées en jugement devant nous ou Chastellet de Paris, jour ordinaire de playdoyrie, heure de plaids iceulx tenans, séant en siège noble homme et saige Me Guy Appollo, conseiller du Roy nostre dict seigneur ou dict Chastellet de Paris, par honnorables hommes et saiges maistres Jehan de Sainctyon et Jehan Borse, advocatz ou dict Chastellet; oy lequel rapport et eu sur ce l'advis et oppinion des conseillers, advocatz, procureurs et practiciens assistans en icelluy Chastellet, nous les dictes cryées eussions déclairées bonnes et valables, bien et deuement faictes, continuées et parfaictes selon l'ordonnance et commune observance de la ville, prévosté et vicomté de Paris, dont et desquelles choses le dict maistre Jacques le Secq, l'aisné, au nom et comme procureur de la dicte damoiselle Loyse Hérouët, ès dicts noms, nous eust requis et demandé lectres, lesquelles le dict jour luy eussions octroyées pour servir et valloir à icelle damoiselle en temps et lieu que de raison.

Depuis lesquelz, par acte et jugement donné de nous le samedy unzeiesme jour de janvier après en suivant, au dict an mil cinq cens soixante, entre le dict Me Jacques le Secq, l'aisné, procureur de la dicte damoiselle Loyse Hérouët, vefve du dict deffunct messire Jehan Rivière, en son vivant secrétaire du Roy, tant en son nom que comme tutrice et ayant la garde noble des enffans, myneurs d'ans du dict deffunct et d'elle, demanderesse d'une part, et le dict maistre Jehan de Bryon, procureur du dict Nicolas de Caen, curateur aux biens vaccans de la dicte deffuncte dame Marye Malingre, en son vivant femme du dict messire Jehan de la Ballue, chevalier, seigneur de Villepreux, deffenderesse, d'aultre part, nous, partyes oyes, après que le dict de Brion ou dict nom auroict dict, veu le rapport et mainmise des héritaiges dont estoit question, procès-verbal et cryées d'iceulx, et aussi qu'il n'avoit mémoyres du dict de Caen pour empescher la dicte requeste, et se rapportoit à nous d'en ordonner, eussions ordonné que la dicte maison et appartenances, assise à Paris, vieille rue du Temple, saisye et mise en cryées et subhastations à la requeste d'icelle damoiselle sur le dict curateur cy-dessus et en la main mise et exploictz des dictes cryées plus à plain déclairée, seroit vendue, baillée et adjugée par décret au parc civil du dict Chastellet de Paris, au plus offrant et dernier enchérisseur, en la manière accoustumée, et seroient toutes personnes reçeues à y mectre enchère, et néantmoings eussions dict que le dict Le Secq, ou dict nom, bailleroit coppie au dict de Bryon ou dict nom du procès-verbal des dictes cryées.

Et par aultre acte et jugement, donné de nous le vendredy vingtungiesme jour de mars, l'an mil cinq cens soixante avant Pasques, et veue certaine sentence de nous donnée le jeudy vingtiesme jour de febvrier dernier passé, entre le procureur du Roy nostre sire ou Chastellet de Paris, d'une part, et messire Pierre Courtin, clerc de chapelle de la royne de Navarre[1], tenant à loyer la dicte maison, assise à Paris, vieille rue du Temple, faisant le coing de la rue des Poullies, dicte des Francs-Bourgeois, qui fut à dame Marye Malingre, femme en premières nopces du seigneur de Carrières[2], requérant par le dict procureur du Roy que la dicte maison feust retranchée suivant l'alignement par cy-devant prins et le retranchement faict des aultres places d'icelle rue d'aultre part, par laquelle sentence eussions ordonné entre aultres choses, après avoir oyes les partyes que le dict Courtin et le dict Nicolas de Caen, curateur aux biens vaccans de la dicte dame Marye Malingre, feroient voir et visiter la dicte maison dedans la huictaine ensuivant, en nostre présence et du dict procureur du Roy, par Estienne Grand-Rémy[3] et Guillaume Mar-

---

1. Marguerite de Navarre, sœur de François Ier et mère de Jeanne d'Albret, était morte en 1530; mais, comme Marguerite, fille de Catherine de Médicis, n'épousa le jeune roi de Navarre, fils de Jeanne d'Albret, qu'en 1572, Pierre Courtin ne peut avoir été clerc de chapelle que de la première.

2. D'où il semble résulter que cette maison avait été le bien propre de Marie Malingre et qu'elle dut faire partie de sa dot, lorsqu'elle épousa, en secondes noces, Jean de la Balue. On verra d'ailleurs, un peu plus loin, qu'ils en étaient possesseurs en 1515.

Jusqu'à présent, Marie Malingre et son premier mari, le seigneur de Carrières, sont les premiers propriétaires connus de cette maison, dont le style est en parfait rapport avec leur temps, c'est-à-dire avec la fin du XVe siècle et le commencement du XVIe. Il est même très probable qu'elle fut construite pour eux.

Nous expliquerons ci-après quel pouvait bien être ce seigneur de Carrières par rapport à Loyse Hérouët.

3. On ne savait encore sur le compte d'Étienne Grand-Rémy que ce qu'en dit le *Dictionnaire des Architectes français* de Lance (t. Ier, p. 324) : « Le « maréchal de Cossé ayant acquis de la sœur de Philibert de l'Orme une « maison sise à Paris, rue Saint-Antoine, connue sous le nom d'hôtel ou de « *logis d'Étampes,* » sur l'emplacement de laquelle on a, depuis, construit l'hôtel de Mayenne, « plusieurs architectes, au nombre desquels se trouvait « Grand-Rémy, furent chargés de constater l'état de cette maison et d'indi- « quer les réparations que cet état pouvait exiger. Dans le rapport des « experts, daté du 8 juin 1572, Grand-Rémy est qualifié de *Maistre général « des œuvres de maçonnerye du Roy.* » Ce rapport a été publié, en 1862, dans la *Deuxième série des Archives de l'Art français*, t. II, pp. 320-336.

Étienne Grand-Rémy est encore signalé, comme maître maçon, dans les *Comptes des Bâtiments royaux* de 1568 et de 1573 pour divers travaux de maçonnerie exécutés au Louvre. Voir la *Renaissance des arts à la cour de*

chant [1], commis du voyer de Paris, tant pour sçavoir si elle devoit estre retranchée et aussi que sur la vallidité et estimation d'icelle maison, incommodité de la récompense, que pourroient prétendre les propriétaires et créanciers, laquelle visitation auroict été faicte, en nostre présence et du dict procureur du Roy, par les dicts Estienne Grand-Rémy, Guillaume Marchant, Oudin Gougeron, mestre-maçon, et Estienne Carmoy [2], sculpteur, qui de ce en auroient faict leur rapport par escript; veu par nous, lequel rapport de visitation sur le retranchement, tant de la dicte maison que aultres de la rue des Francs-Bourgeois, en dacte de l'an mil cinq cens cinquante, le mercredy vingt-cinquiesme jour de febvrier, la requeste à nous présentée par le dict Nicolas de Caen, curateur de lá dicte damoiselle Loyse Hérouët, vefve du dict deffunct maistre Jehan Rivière, en son vivant notaire et secrétaire du Roy, ès noms qu'elle proccède, et aultres pièces par eulx mises par devers nous.

Nous, par délibération du Conseil, eussions dict et ordonné que

---

France, études sur le XVIe siècle, par de Laborde. Paris, 1850, tome Ier.

Ce passage du manuscrit de M. Missonier est peut-être le seul document existant, en dehors de ceux que nous venons de rappeler, sur le compte d'Étienne Grand-Rémy.

1. Guillaume Marchant est né en 1531. Par lettres patentes, datées de Gonesse, le 15 septembre 1590, Henri IV lui donna l'office de maître général des œuvres de maçonnerie et édifices royaux de la ville, prévôté et vicomté de Paris, en remplacement de Nicolas Guillot, qui venait de mourir. En 1594, il était l'architecte du nouveau château de Saint-Germain, dont il ne reste plus que les terrasses avec leurs murs de soutènement et le pavillon Henri IV, qui était la chapelle de cette résidence royale. Il mourut en 1605 et fut inhumé dans l'église Saint-Gervais, à Paris. En 1596, son fils, Louis Marchant, obtenait la survivance de son père, qui s'était démis de ses fonctions en sa faveur. — Guillaume Marchant était le frère de Charles Marchant, maître charpentier de la ville, qui construisit en 1609 le Pont-aux-Oiseaux, appelé aussi pont Marchant, en remplacement du Pont-aux-Meuniers, détruit en 1596. — Voir le *Dictionnaire des Architectes français* de Lance, t. II, pp. 113-114.

2. Le sculpteur Étienne Carmoy peut bien être fils, frère ou neveu de Charles Carmoy, peintre du roi François Ier, cité par Rabelais, sous la qualification de « peintre du roy Megiste, » au chap. II du livre IV de Pantagruel, le même que de Laborde a retrouvé dans les *Comptes des Bâtiments royaux*, de 1537 à 1540 et de 1540 à 1550, pour divers travaux exécutés au palais de Fontainebleau. Étienne Carmoy est également signalé dans les *Comptes des Bâtiments royaux*, de 1540 à 1550, comme sculpteur imager attaché à divers travaux de réparation de sculpture au palais de Fontainebleau, à raison de 18 livres par mois. De 1558 à 1568, il figure encore dans les mêmes *Comptes* pour divers autres travaux de sculpture exécutés au Louvre par ordre de l'architecte Pierre Lescot.

la dicte maison dessus déclairée seroit retranchée et recouppée pour l'accroissement et l'élargissement de la dicte rue des Poullyes, suivant l'alignement par cy devant prins tant pour la beauté et décoration de la ville que pour la commodité, proffict et utillité de la chose publique pour obvier aux inconvéniens qui pourroient souldre et advenir tant d'eaues qui regorgeoient en la dicte rue des Poullies et ne pouvoient avoir leurs cours, comme des couldes et recoings qui y estoient où l'on se pouvoit lattiter et musser, à la charge toutes fois que les propriétaires et créanciers d'icelle maison seroient préalablement récompensés de tels dommaiges et intérests qu'ils auroient et pourroient avoir à cause du dict retranchement par telles personnes qu'il appartiendroit et sans despens de l'instance[1].

Auxquelles cryées, et en faisant icelles, se feussent opposées les personnes cy-après nommées et lesquelles eussent esleuz leurs domicilles, ainsi qu'il appert par les causes d'opposition par celles baillées par escript et transcriptes au vingtroiesme volume des cryées du dict Chastellet, fueillet troys cens cinquante et ung, dont les teneurs ensuivant :

« Du huictiesme jour de janvier l'an mil cinq cens soixante, maistre Jacques le Secq, l'aisné, procureur ou Chastellet de Paris et procureur de nostre damoiselle Loyse Hérouët, vefve de feu noble homme maistre Jehan Rivière, en son vivant notaire et secrétaire du Roy, tant en son nom que comme tutrice et ayant la garde noble des enffans, mineurs d'ans, du dict deffunct et d'elle, sont pour lui conserver et garder six vingts-cinq livres tournoys de rente, faisant moictyé de deux cens cinquante livres tournoys de rente, de telle nature, qualité et prérogative que estoient les dictes deux cens cinquante livres tournois de rente, ceddéez par messire Jehan de la Ballue et la dicte deffuncte Marye Malingre, sa femme, annuelle et perpétuelle, qu'elle a droict de prendre et percepvoir par chacun an sur les dicts lieux de la condition qu'elle est, et pour estre payée de sept cens cinquante livres tournoys, faisans moictyé de quinze cens livres tournoys, et huit cent soixante quinze livres tournoys, aussi faisans moictyé de dix-sept cens cinquante livres tournoys, et oultre pour estre

1. Ce retranchement ne devait certainement pas s'appliquer à la tourelle, mais aux saillies et recoins du rez-de-chaussée, qui, depuis, ont disparu. Les alignements des rues étaient alors donnés par le voyer de Paris ou ses commis. Pendant plusieurs siècles, le prévôt de Paris, siégeant au Châtelet, remplit les fonctions de voyer dans toute l'étendue de la vicomté; mais, par un édit de 1604, l'administration de la voirie fut distraite de la prévôté pour être unie à l'office de grand voyer créé en faveur de Sully, en 1599. Les premiers règlements connus sur les retranchements des saillies des maisons datent de Henri II, mai 1554. Voir les *Lois du Bâtiment*, publiées par la Société centrale des architectes, tome III, pages 5-32.

payée de la moictyé des arréraiges escheuz depuis l'année mil cinq cens vingt-quatre jusques au remboursement des sommes dessus dictes, à cause des dicts deux cens cinquante livres de rente, et à payer et continuer doresnavant par chacun an à la dicte demanderesse, ès dicts noms, les dictz six vingts-cinq livres tournoys dessus déclairés, ensemble des despens, fraiz, mises et loyaulx cousts, et oultre pour luy conserver et garder tout tel droict d'ippothecque, recours de garendye, noms, raisons et action qu'elle, ès dicts noms, a et peult avoir sur les dictz lieux criez, domicille en l'hostel du dict Le Secq, l'aisné, rue de la Coustellerie, du vingt-cinquiesme jour de febvrier mil cinq cens soixante. »

Le dict Le Secq l'aisné, procureur de noble homme et saige Me Jehan le Bellot, conseiller du Roy nostre sire, et maistre ordinaire en sa Chambre des comptes à Paris, sont pour estre payés et mis en ordre de la somme de huict livres six sous huict deniers tournois de rente constituée par le dict de la Ballue et la dicte deffuncte Marye Malingre au curé de Sainct-Benoist, le tout sur la dicte maison scituée vielle rue du Temple, faisant le coing de la rue des Poullyes, aultrement dicte des Francs-Bourgeois, dès le quinzeiesme jour de septembre mil cinq cens quinze, duquel curé le dict Bellot a cession du penultime jour de mars mil cinq cens quarante-six, et oultre de cinquante livres tournois de rente, constituée par les dicts de La Ballue et Malingre à deffunct Me Jehan Prévost le neufiesme jour de may mil cinq cens seize, de laquelle rente et arréraiges le dict Bellot a cession dès le quinzeiesme avril mil cinq cens quarante-cinq, et encores de quarante-deux livres d'aultre rente constituée par les dessus dicts sur la dicte maison, le dernier jour de mars mil cinq cens vingt et ung[1] à Me Jehan Brachet, duquel le dict Bellot a semblablement cession et transport dès le seizeiesme juillet mil cinq cens quarante-six, et, pour les arréraiges des dictes rentes escheuez et qui escherront, despens, frais, mises et loyaulx cousts et aultre pour luy conserver et garder tout tel droict d'ippothecque,

1. Il est important de constater que, dès le 15 septembre 1515, Jean de la Balue et son épouse, Marie Malingre, étaient propriétaires de cette maison, et qu'ils l'étaient encore en 1516 et 1521. Ce document a, en outre, l'avantage de préciser, pour la première fois, trois dates de l'existence de ces deux personnages. Jusqu'à présent, on savait seulement, par Moréri et le P. Anselme, que Jean de la Balue vivait vers 1520. D'ailleurs, on a vu plus haut que ladite maison appartenait encore à Marie Malingre en 1524, laquelle année peut bien être celle de sa mort, puisque les arrérages dus à Loyse Herouët partaient de cette époque. — Le curé de Saint-Benoît, renté par Marie Malingre et son époux, nous remet en mémoire que le frère aîné de celui-ci était, en 1510, curé de Saint-Eustache à Paris; il s'appelait aussi Jean de la Balue et mourut en 1528.

recours de garendye, noms, raisons et actions qu'il, ès dicts noms, a et peult avoir sur les dicts lieux criez, domicille du dict Bellot en sa maïson, rue de Paradis[1].

Et par acte et jugement donné de nous le mercredy vingt-troisiesme jour d'octobre mil cinq cens soixante, en proceddant au faict de la licittation du louaige de la dicte maison, assise en la dicte ville de Paris, en la dicte vieille rue du Temple, saisye et mise en cryées sur le dict Nicolas de Caen, curateur aux biens vaccans de la dicte deffuncte Marye Malingre, à la requeste de la dicte damoiselle Loyse Hérouët, la dicte licittation poursuyvie par Cyrot Jouanne, commissaire estably au régime et gouvernement de la dicte maison, le dict maistre Jacques Le Secq, procureur de la dicte damoiselle Loyse Hérouët, auroict déclairé, comme il disoit, avoir par cy-devant faict que en la dicte maison estoit une chambre encloze, appartenant et estant du propre de la dicte damoiselle, laquelle chambre le dict Le Secq, ou dict nom, auroict requis estre distraicte et mise hors des dictes cryées pour en joyr par elle comme elle disoit avoir par cy-devant faict, et à ceste fin auroict faict appeler devant nous maistre Jehan de Bryon, procureur du dict Nicolas de Caen, oudict nom de curateur, et a luy sommé et interpellé qu'il eust à dire ce qui vouldroit contre la dicte requeste d'une part, et le dict de Bryon, procureur du dict Nicolas de Caen, ou dict nom, qui auroict dict en avoir adverti le dict de Caen, en suivant la procuration spéciallement à luy passée par le dict de Caen, sa partye, du dimanche vingtiesme jour du dict moys d'octobre mil cinq cens soixante dernier passé, auroict dict qu'il n'avoit moyens pour empescher la dicte requeste de distraction après soy estre informé du droict par la dicte damoiselle en la dicte chambre d'aultre part.

Partyes oyes, nous eussions dict que la dicte chambre cy-dessus, comprinse en la dicte cryée, seroit distraicte et mise hors d'icelles cryées au proffict de la dicte damoiselle Loyse Hérouët pour en joyr par elle comme à elle appartenant et seroit faicte ouverture d'icelle chambre[2].

---

1. Rue de Paradis-au-Marais, partie actuelle de la rue des Francs-Bourgeois comprise entre la rue Vieille-du-Temple et les Archives nationales.

2. La jouissance de cette chambre, de même que les rentes dues à Loyse Hérouët par Me Nicolas de Caen, curateur aux biens vacants de Marie Malingre, constituent évidemment une part de la succession de celle-ci. Quelque lien de parenté devait donc exister entre ces deux femmes. On peut encore en retrouver la trace.

On a vu précédemment que Marie Malingre avait épousé en premières noces un certain seigneur de Carrières, lequel a dû mourir avant l'an 1515, époque où Marie Malingre avait déjà pour deuxième époux Jean de la Balue. Or, on trouve dans le P. Anselme (tome VI, page 483, c) qu'une cousine

Pendant lesquelles cryées et proceddeures ainsi faictes ainsi que dict est, et, après que Jehan Gervais, aussi sergent à verge au dict Chastellet eust, à la requeste de la dicte damoiselle Loyse Hérouët, ès dicts noms, ès présences de Jehan Planche, Anthoine Pollet et Jehan Gillet, le troisiesme jour d'apvril ou dict an mil cinq cens soixante avant Pasques, mys et apposé affiches et escripteaux aux lieux

---

germaine du chancelier Olivier, Madeleine Olivier, épousa, en 1528, un seigneur de Carrières, secrétaire du Roi, du nom de Georges Hérouët, et dont l'existence est encore confirmée par la « *Coppie du Rolle et Estat de l'hostel du Roy* » pour les années 1528 et 1529, publiée par Leroux de Lincy à la suite de l'*Heptaméron de la reine de Navarre* (tome III, page 273 de l'édition de la Société des bibliophiles, Paris, 1853), et où ce personnage figure comme secrétaire ordinaire de la chambre, avec une allocation de 400 livres.

Pour nous, il est hors de doute que le seigneur de Carrières, premier époux de Marie Malingre, fut le père ou tout au moins l'oncle de Georges Hérouët.

Il s'en faut de beaucoup que le nom d'Hérouët soit ignoré dans l'histoire. On sait qu'un des meilleurs poètes de la Renaissance fut Antoine Hérouët, ami de Clément Marot, et mort évêque de Digne en 1568. Nous avons déjà signalé la demeure du poète Antoine Hérouët, rue Sainte-Croix-de-la-Bretonnerie, en 1532, dans le *Bulletin de la Société de l'histoire de Paris*, 1887, p. 98-100. — Voir la *Biographie universelle de Michaud* et les *Siècles littéraires de la France ou le Nouveau Dictionnaire historique, critique et bibliographique de tous les écrivains français jusqu'au XVIIIe siècle*, par Desessarts (Paris, 1800), dans lesquels il est dit qu'Antoine Hérouët était d'une famille alliée à celle du chancelier Olivier. D'où il résulte que Georges et Antoine Hérouët seraient très proches parents, sinon frères. Ils touchaient probablement d'aussi près l'héroïne de la XXIIe nouvelle de l'*Heptaméron de la reine de Navarre*, cette vertueuse Marie Hérouët qui « fut faicte abbesse, par le don du Roy, de l'abbaïe nommée Giy, près de Montargis. » — La plupart des contes de Marguerite d'Angoulême ont une valeur historique qu'il importe de ne pas dédaigner.

La relation des seigneurs de Carrières avec le nom des Hérouët étant bien établie, la parenté de Marie Malingre avec Loyse Hérouët devient certaine, et l'on peut conclure que celle-ci est la nièce ou petite-nièce de celle-là, sinon fille ou petite-fille de premier lit. Quant à son nom, on le retrouve dans le Procès-verbal de l'assemblée générale des trois ordres, clergé, noblesse et bourgeoisie, convoqués à Paris le 22 février 1580, pour la revision définitive de la coutume de la prévôté et vicomté de Paris; il figure parmi ceux de la noblesse de la façon suivante : « Damoiselle Louïse Hérouët, dame d'Othis-sous-Dampmartin, représentée par Philippe l'Ange, son procureur. » La veuve de Jean Rivière, secrétaire du Roi, était donc dame. Le même Procès-verbal fait aussi mention, parmi les membres de la bourgeoisie, d'un certain Nicolas Hérouët, bourgeois de Paris. Bref, tous ces Hérouët font partie d'une même famille de bourgeoisie, devenue très importante dès le commencement du XVIe siècle; la plupart, jouissant des faveurs royales, ont été pourvus de bénéfices et de charges, voire même de titres de noblesse.

et places cy-après déclairés, c'est assavoir à la dicte maison, assise vieille rue du Temple, à la porte de l'église monseigneur Sainct-Gervais, à la porte et entrée du Chastellet de Paris et au parc civil du dict Chastellet, qui contenoient que le mercredy seizeiesme jour du dict moys d'apvril, l'an mil cinq cens soixante ung, après Quasimodo, la dicte maison, cy-dessus déclairée, seroit vendue, baillée, délivrée et adjugée, par décret au parc civil du dict Chastellet de Paris, au plus offrant et dernier enchérisseur, en la manière accoustumée, et seroient toutes personnes reçeues à y mectre enchère, ad ce que aulcun n'en peust cy-après prétendre cause d'ignorance.

Le procès de criées de la dicte maison, cy-dessus déclairée, auroict et a esté leu et publié en jugement devant nous au dict Chastellet par plusieurs et diverses journées et mesmement le dict jour de mercredy seizeiesme jour du dict moys d'apvril ou dict an mil cinq cens soixante et ung, après Quasimodo.

Auquel jour le dict maistre Jacques le Secq l'aisné, procureur de la dicte damoiselle Loyse Hérouët, vefve du dict deffunct messire Rivière, en son vivant notaire et secrétaire du Roy en son Conseil, tant en son nom que comme tutrice et curatrice des enffans myneurs d'ans, du dict deffunct et d'elle, eust enchéry et mys à prix la dicte maison, assise à Paris, vieille rue du Temple, tenant d'une part à la dicte damoiselle, d'aultre part faisant le coing de la rue des Francs-Bourgeois, dicte la rue des Poullyes, abboutissant par derrière à la dicte rue des Francs-Bourgeois et par devant à la dicte rue du Temple, laquelle maison fut et appartint à la dicte deffuncte Marye Malingre, en son vivant femme du dict messire Jehan de la Ballue, chevalier, naguières seigneur de Goix, cryée sur le curateur aux biens vaccans de la dicte deffuncte Marye Malingre, à la charge des droicts seigneuriaulx et arréraiges d'iceulx et du retranchement et recouppement qui se pourra faire d'icelle maison pour l'accroissement et eslargissement de la dicte rue des Poullies, suivant l'alignement par cy-devant faict et prins ainsi que contenu est en la sentence donnée de nous ou nostre lieutenant, le vingt ungiesme mars mil cinq cens soixante, à la charge toutes foys que l'achepteur et dernier enchérisseur de la dicte maison sera préallablement récompensé de tels dommaiges et interestz qu'il aura et pourra avoir à cause du dict retranchement, à telles personnes qu'il appartiendra suivant la dicte sentence et des despens des dictes cryées et oultre de la somme de deux mille livres tournoys pour une fois à distribuer à qui il appartiendra, et ne seroit et n'est apparu aulcun enchérisseur.

Ce faict Nicolas Addie, audiencier du Roy, nostre sire, ou Chastellet de Paris, eust le dict jour de mercredy seizeiesme du dict moys d'apvril ou dict an, ès présences de Jehan Hubert et Françoys Simon, mis et apposé en affiche et escripteau aultant de l'abbrégé enchère et publication cy-dessus contre la porte et entrée du parc et auditoire civil du dit Chastellet, lieu accoustumé pour ce faire, suivant l'ordonnance contenant que le mercredy trenteiesme jour du dict moys d'apvril, après en suivant, au dict an mil cinq cens soixante et ung, jour et dacte de ces présentes la dicte maison cy-dessus déclairée seroit vendue, baillée, délivrée et adjugée par décret au parc civil du dict Chastellet de Paris, au plus offrant et dernier enchérisseur, en la manière accoustumée, et seroient toutes personnes reçcues à y mectre enchère.

Auquel jour la dicte enchère auroict esté de rechef leue et publiée en jugement devant nous ou dict Chastellet.

Et auroict la dicte maison esté renchérie par le dict Jacques le Secq, l'aisné, à deux mil deux cens livres tournois, par maistre Gabriel Rivière à deux mil cinq cens livres tournois par le dict Le Secq l'aisné, à deux mil huict cens livres tournois, par le dict Rivière à troys mil livres tournois, et par le dict maistre Jacques le Secq l'aisné, ou nom et comme procureur de la dicte damoiselle Loyse Hérouët à trois mil cinquante livres tournoys pour une fois, et pour ce que, oultre et par dessus les pris et charges cy-dessus déclairées, aulcun ne se seroit apparu que la dicte maison cy-dessus déclairée eust plus voullu donner que la dicte damoiselle Loyse Hérouët, persévérant en sa dicte enchère, nous eust instamment recquis que la luy voulsissions bailler et adjuger par décret comme la plus offrant et dernier enchérisseur, disant par elle que ainsi faire le debvons, veu et considéré ce que dict est.

Sçavoir faisons que, oye de nous la dicte requeste qui nous eust semblé et semble juste, civille et raisonnable, attendu que en faisant les dictes cryées ne se seroient apparuz aultres opposans que les dessus nommés, ne aultre enchérisseur oultre et par dessus la dicte Hérouët, gardées en ce les solempnitez pour ce deues et en telz cas requises et accoustumées, et tout veu et considéré ce que faisoit à veoir et considérer en ceste partye.

Nous à la dicte damoiselle Loyse Hérouët, ce requérant comme la plus offrant et dernier enchérisseur, avons adjugée, vendue, baillée et délivrée, adjugeons, vendons, baillons et délivrons par décret par ces présentes la dicte maison cy-dessus déclairée moyennant les pris et charges que dessus et partant, pour lequel pris d'icelle adjudication recepvoir, nous avons commis et commectons nostre amé Me Siméon Bruslé, examinateur de par le Roy nostre sire au Chastellet de Paris, et pour faire la distribution du dict pris, taxer les despens des dictes cryées, y appeler le greffier de la dicte prévosté de Paris et faire en oultre ce que au cas appartiendra ; commectons nostre amé maistre Jacques de Sens, aussi examinateur ou dict Chastellet, et, parmy ce, nous la dicte vente et adjudication, ainsi par nous faicte à la dicte damoiselle Loyse Hérouët, avons louée, grée, rattifiée et approuvée, louons, gréons, rattiffions et approuvons par ces dictes présentes, et, par interposition de nostre décret et auctorité judiciaire, avons confirmée et confirmons en tant que à nous appartient et que faire le pouvons et debvons pour raison et à cause de nostre office.

Ordonnons en mandement au seigneur ou seigneur de et soubs qui la dicte maison, cy dessus mise a pris et adjugée, est sçituée et assise, tenue et mouvante, que icelle damoiselle Loyse Hérouët ils en mectent et instituent ou facent mectre et instituer en bonne et suffisante possession et saysine réelle et corporelle, et de ce que dict est la facent, souffrent et laissent joyr et user plainement et paisiblement en faisant et payant par luy les droicts et debvoirs pour ce deubs et en telz cas requis et accoustumez.

En tesmoing de ce nous avons faict mectre à ces présentes le scel de la dicte prévosté de Paris. Ce fut faict et adjugé en jugement ou dict Chastellet, le mercredy trenteiesme jour d'apvril, l'an mil cinq cens soixante et ung.

Le Secq (l'aisné). Goyer.
Blanchart. J.-B. Mordant.

Enregistré et scellé par nous, Martin Le Roy, garde du scel de la prévosté de Paris, le jeudy quinzeiesme jour de may, l'an mil cinq cens soixante et ung.

M. Le Roy.

Je, frère Pierre Genyer, religieux de l'ordre de Saint-Jean de Jérusalem, procureur et recepveur de noble et révérend seigneur frère Pierre de La Fontaine, chevalier du dict ordre, grand prieur de France et commandeur du Temple à Paris, certifie avoir saisy et vestu damoyselle Loyse Hérouët, adjudicataire des maison et lieux contenus au présent décret, de laquelle j'ay reçeu les lotz et ventes pour ce deubs et accoustumés, à la charge de dix-huit soulz six deniers parisis, tant cens que rente foncière, deubz par chacun an à la dicte Commanderie le jour de Pasques, et sauf en toute aultre chose les droicts de la dicte Commanderie et l'autruy. Faict sous mon seing cy mis le quinziesme jour de mars mil cinq cens soixante huict[1].

F. Genyer.

1. Ce qui prouve que la maison de la tourelle appartenait encore à Loyse Hérouët en 1568, et qu'on ne peut désormais la confondre avec l'hôtel Barbette, démoli en 1561.

Nogent-le-Rotrou, imprimerie Daupeley-Gouverneur.

www.ingramcontent.com/pod-product-compliance
Ingram Content Group UK Ltd.
Pitfield, Milton Keynes, MK11 3LW, UK
UKHW032037260826
14628UKWH00007B/3005

9 782013 087797